T. S. F.

Si vous télégraphiez en

Amérique

Grande-Bretagne

Syrie, Palestine

Espagne

Roumanie

Tchéco-Slovaquie

portez sur votre télégramme la simple mention

" via RADIO-FRANCE "

TAXE PAR MOT ORDINAIRE	via Câbles	via Radio - France	Economie
Amérique (New-York City)..	3,15	2,70	0,45
Amérique du Sud (Buenos-Aires)	10,35	9,75	0,60
Syrie et Liban...............	2,79	2,34	0,45
Palestine	4,20	3,90	0,30

Les télégrammes **Urgents** (à triple taxe) et **Différés** (à tarif réduit de 50 o/o), sont admis pour tous les pays acceptant ces catégories de messages.

Pour tous renseignements, demandes de carnets, de formules, etc.

S'adresser : Compagnie " RADIO-FRANCE " Direction commerciale.

166, rue Montmartre, PARIS (2e)

Téléphone { **Central 23.17**
{ **Louvre 03.86**

R. C. Seine 164 419.

— I —

I. - Principaux Tarifs postaux

1°. — TARIF DES LETTRES ET PAQUETS CLOS

A. — *Service intérieur*
(France, Algérie. Tunisie, Colonies françaises.)

	Fr. c.		Fr. c.
Jusqu'à 20 gr. inclusiv' .	0 25	de 700 à 800	1 55
de 20 à 50	0 40	de 800 à 900	1 70
de 50 à 100	0 50	de 900 à 1.000	1 85
de 100 à 200 ....,...	0 65	de 1.000 à 1.100	2 00
de 200 à 300 ......:....	0 80	de 1.100 à 1.200	2 15
de 300 à 400	0 95	de 1 200 à 1.300	2 30
de 400 à 500	1 10	de 1.300 à 1 400	2 45
de 500 à 600	1 25	de 1 400 à 1.500	2 60
de 600 à 700 ....'...	1 40	*Poids maximum : 1.500 gr.*	

Dimensions maximum : 45 c/m sur chaque côté, ou en rouleau : 75 c/m × 10 c/m.

B. — *Service international (Pays étrangers)*

	Fr. c.		Fr. c.
Jusqu'à 20 gr. inclusiv' ..	0 50	de 100 à 120	1 75
de 20 à 40	0 75	de 120 à 140	2 00
de 40 à 60	1 00	de 140 à 160	2 25
de 60 à 80	1 25	de 160 à 180	2 50
de 80 à 100	1 50	de 180 à 200	2 75

et, ainsi de suite, en ajoutant 25 c. par 20 gr. ou fraction de 20 gr.

Poids maximum : 2 kilos. Dimensions maximum : 45 c/m sur chaque côté, ou en rouleau : 75 c/m × 10 c/m.

2°. — CARTES POSTALES ORDINAIRES

Dimensions : 10 à 14 c/m de longueur, 7 à 9 c/m de largeur.

Tarif

   a) *Cartes postales* Service Intérieur : Serv. International :
     simples........... 20 cent.   30 cent.
   b) *Cartes postales*
   avec réponse payée...... 40 cent.   60 cent.

3°. — CARTES ILLUSTRÉES

Service intérieur et franco-colonial : 10 centimes. — La moitié droite du recto de la carte doit être réservée à l'adresse, l'autre moitié à la correspondance à volonté. Le verso doit être occupé par une illustration ou gravure avec ou sans texte *imprimé*, à l'exclusion de toute inscription manuscrite.

Pour *l'étranger*, avec correspondance : 30 centimes; à découvert sans correspondance : 10 centimes.

4°. — PAPIERS DE COMMERCE & D'AFFAIRES, FACTURES

A. — *Service intérieur et franco-colonial* : Mêmes tarif et conditions d'admission que les lettres. Mais les *factures*, les *relevés de comptes ou de factures*, les *bordereaux d'expédition et notes d'honoraires* sont admis au tarif de **15 centimes** jusqu'au poids de 20 grammes, à la condition d'être expédiés sous bande, sous enveloppe ouverte ou sur carte à découvert.

B. — *Service international* : Jusqu'à 250 gr., **50 centimes**. Au-dessus de 250 grammes, la taxe s'accroît de 10 centimes par 50 grammes ou fraction de 50 grammes excédant. *Poids maximum :* 2 kilos.

5°. — IMPRIMÉS

A. — *France, Algérie, Tunisie, Colonies françaises* :

a) *Imprimés non périodiques ou ordinaires* (circulaires, livres, catalogues, etc.) :

Jusqu'à 50 grammes inclusivement...................... 0,05
De 50 à 100 grammes 0,15

Au-dessus de 100 grammes, 0,15 par 100 grammes ou fraction de 100 grammes jusqu'à *3 kilos, poids maximum*.

Dimensions : 45 c/m de chaque côté. Rouleaux : 75 c/m de long, 10 c/m de diamètre.

Toutefois, les imprimés non périodiques *affranchis en numéraire*, c'est-à-dire non revêtus de timbres-poste, mais dont la taxe globale doit être préalablement à l'expédition, acquittée à la poste et ceux *affranchis au moyen de timbres-poste oblitérés à l'avance* sur autorisation de l'Administration (consulter à ce sujet l'*Indicateur Universel des P. T. T.*), bénéficient du tarif réduit de **0,03 jusqu'au poids de 20 grammes**, à la condition d'être déposés en nombre au moins égal à 1.000, triés et enliassés par département et par bureau de distribution.

b) *Imprimés périodiques* (journaux). Tarif général :

Jusqu'à 60 grammes.....	0,02	De 100 à 125 grammes....	0,05
De 60 à 75 grammes.....	0,03	De 125 à 150 grammes....	0,06
De 75 à 100 grammes....	0,04		

Ensuite, 1 cent. par 25 grammes ou fraction de 25 grammes excédant jusqu'à *3 kilos maximum*.

Ce tarif est réduit de *moitié* pour les périodiques circulant dans le département où ils s'impriment et les départements limitrophes.

Dimensions des périodiques : les mêmes que les imprimés non périodiques.

B. — *Service international* : Tous imprimés : 10 centimes par 50 grammes ou fraction de 50 grammes.

Poids maximum : 2 kilos. *Dimensions :* les mêmes que dans le service intérieur.

6°. — CARTES DE VISITE

Dans le *service intérieur et franco-colonial*, les cartes de visite imprimées ou manuscrites expédiées sous bande mobile ou sous enveloppe ouverte portant une mention manuscrite composée de 1 à cinq mots quelconques sont affranchies *15 centimes*.

Pour l'étranger : cartes de visite *imprimées* et comportant au plus cinq mots manuscrits de félicitations, remerciements, souhaits, etc. : *10 centimes*.

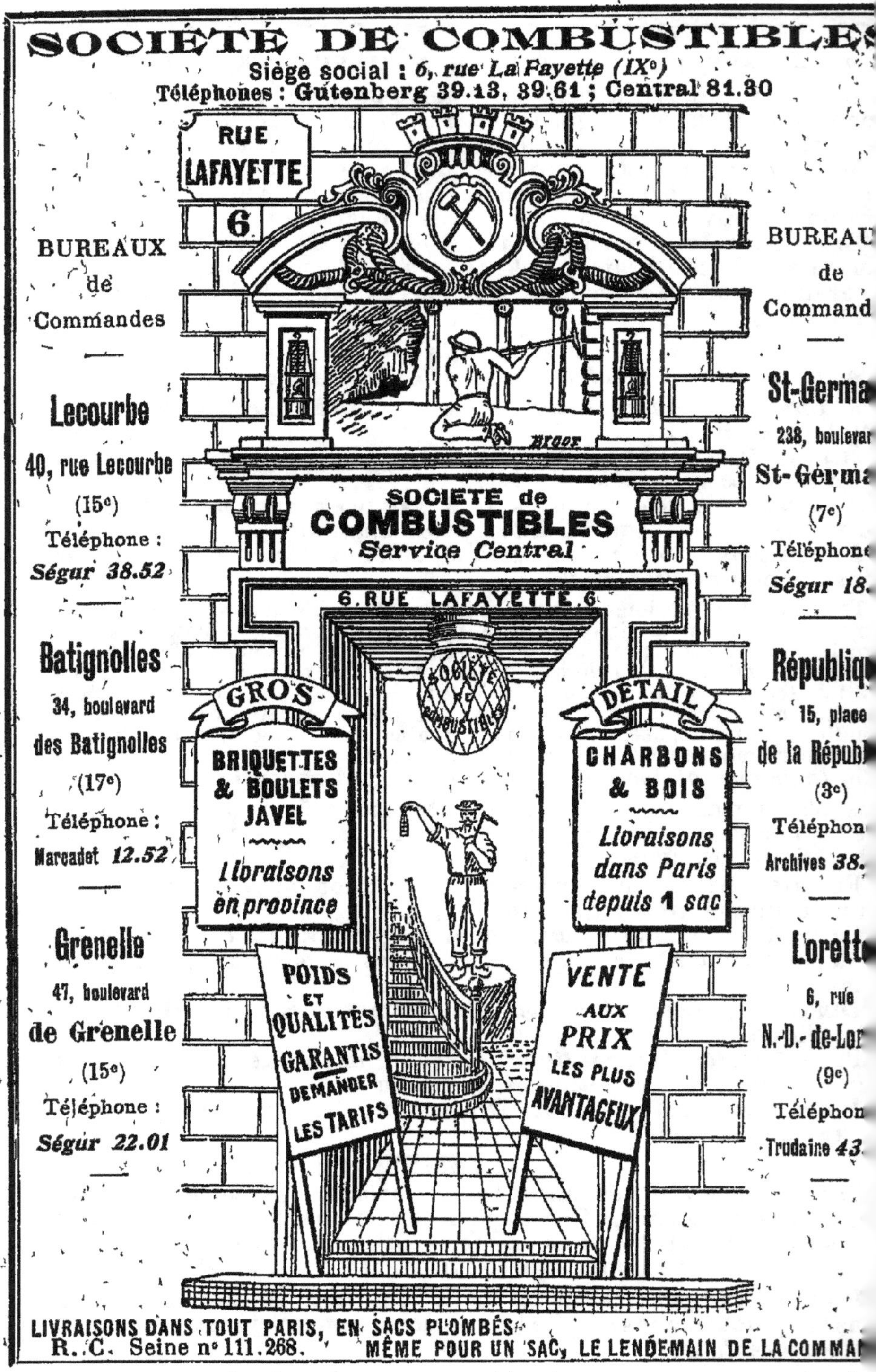
SOCIÉTÉ DE COMBUSTIBLES
Siège social : 6, rue La Fayette (IXe)
Téléphones : Gutenberg 39.13, 39.61 ; Central 81.30
RUE LAFAYETTE
6
BUREAUX
de
Commandes
Lecourbe
40, rue Lecourbe
(15e)
Téléphone :
Ségur 38.52
Batignolles
34, boulevard
des Batignolles
(17e)
Téléphone :
Marcadet 12.52
Grenelle
47, boulevard
de Grenelle
(15e)
Téléphone :
Ségur 22.01
BUREAUX
de
Commandes
St-Germain
238, boulevard
St-Germain
(7e)
Téléphone :
Ségur 18.
République
15, place
de la République
(3e)
Téléphone :
Archives 38.
Lorette
6, rue
N.-D.-de-Lorette
(9e)
Téléphone :
Trudaine 43.
SOCIÉTÉ de
COMBUSTIBLES
Service Central
6, RUE LAFAYETTE, 6
GROS
BRIQUETTES
& BOULETS
JAVEL
Livraisons
en province
DÉTAIL
CHARBONS
& BOIS
Livraisons
dans Paris
depuis 1 sac
POIDS
ET
QUALITÉS
GARANTIS
DEMANDER
LES TARIFS
VENTE
AUX
PRIX
LES PLUS
AVANTAGEUX
LIVRAISONS DANS TOUT PARIS, EN SACS PLOMBÉS
R. C. Seine n° 111.268.
MÊME POUR UN SAC, LE LENDEMAIN DE LA COMMANDE

7°. — ÉCHANTILLONS

A. — *France, Algérie, Tunisie, Colonies françaises* :

Jusqu'à 100 gr.....	o 20	de 300 à 400.............	0,65
de 100 à 200....... .	0,35	de 400 à 500...........	o 80
de 200 à 300	0,50	*Poids maximum : 500 gr.*	

Dimensions : 3o c/m sur tous les côtés; ou 45 c/m en long, à la condition que les deux autres dimensions ne dépassent pas 15 c/m.

B. — *Service international.* — (Les échantillons ne doivent pas avoir de valeur marchande) :

Jusqu'à 100 gr.. . ...•... ....•......	0,20
— 150 gr............... ....•..,....	0,30
— 200 gr.... . ...•...	0,40
Par 100 gr. en sus (*Poids maximum : 500 gr.*).....	0,10

Dimensions : 30 c/m×20 c/m×10 c/m. Rouleau : 30 c/m×15 c/m.

8°. — RECOMMANDATION (TAXE SUPPLÉMENTAIRE)

A. — *France, Algérie, Tunisie, Colonies françaises* :

25 centimes pour les échantillons, les imprimés, les journaux, les factures, les cartes illustrées et les cartes de visite.
35 centimes pour les autres objets.

B. — *Service international :* 50 centimes pour tous objets.

9°. — CHARGEMENTS (lettres et boîtes de valeur déclarée).

A. — *Service intérieur :Maximum de la déclaration :* 20.000 fr.
Tarif des lettres et boîtes : 1° Taxe d'une lettre ordinaire de même poids pour la même destination ; 2° Droit fixe de recommandation de 5o centimes ; 3° Droit d'assurance de 20 centimes jusqu'à 1.000 francs de valeur déclarée, avec augmentation de 10 centimes par 1.000 francs ou fraction de 1.000 francs excédant.

Les *poids* et *dimensions* maxima des *lettres* de valeur déclarée sont les mêmes que pour les lettres ordinaires. Les *boîtes* de valeur déclarée peuvent être acceptées sans limite de poids. Dimensions maximum des boîtes : c/m×10 c/m×10 c/m.

B. — *Service international : Consulter l'Indicateur Universel des P. T. T.*

Comment confectionner réglementairement
les envois postaux de valeur déclarée
Lettres chargées

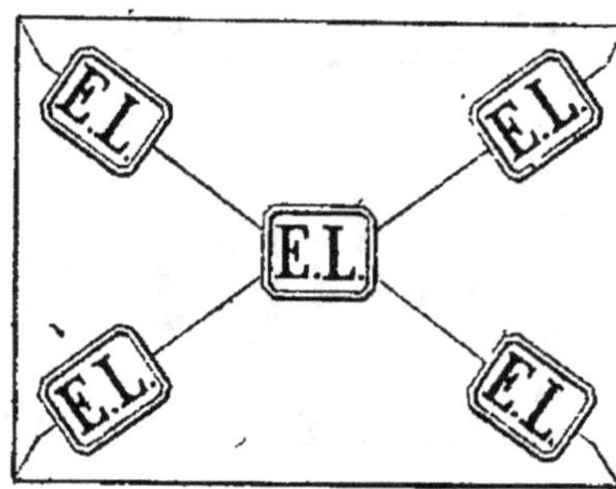

Pour les règles à observer voir la page suivante.

- Cours de Cuisine et de Pâtisserie -
du Journal " LE CORDON BLEU "
30° ANNÉE ——×—— Abonnement : 15 francs par an
129, faubourg St-Honoré (8e) et 71, rue de la Pompe (16e

CHOCOLAT-MENIE

Usine de Noisiel, 60.000 K^{os} par jour

A. Des lettres chargées. — Montant de la déclaration indiqué en toutes lettres sans rature ni surcharge. Enveloppe scellée de cachets en cire fine de même couleur avec empreintes, espacés, en nombre suffisant (2 au moins) pour retenir les plis de l'enveloppe. Empreinte en relief ou en creux, uniforme, reproduisant un signe particulier à l'expéditeur (initiales, armes, etc.). La partie du cachet frappée de l'empreinte doit porter sur les plis. Espacer les timbres-poste, ne pas les replier sur les 2 faces de l'enveloppe. Enveloppes à bords coloriés ou à panneau transparent interdites.

B Des boîtes chargées. — Dimensions : 30 c/m × 10 c/m × 10 c/m. Epaisseur des parois des boîtes en bois : 5 m/m minimum. Feuille de papier blanc sur les faces supérieure et inférieure de la boîte et y adhérant fortement. Croisé de ficelle solide et sans nœud, scellé, sur les 4 faces latérales, de cachets en cire comme pour les lettres, les deux bouts de la ficelle pris sous un ou deux cachets. Déclaration de valeur en toutes lettres, sans rature, ni surcharge.

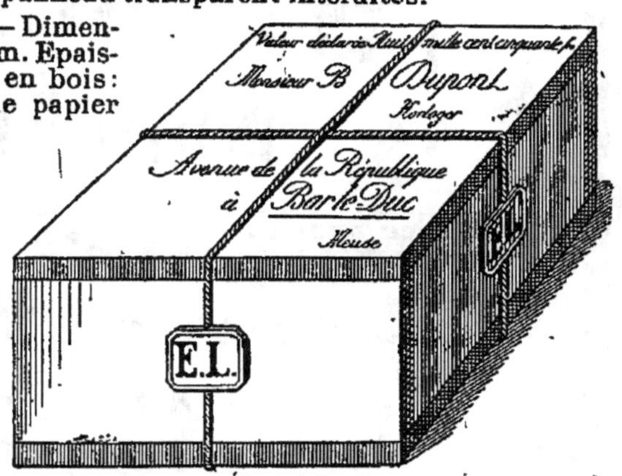

10°. — ACCUSÉ DE RÉCEPTION
DES OBJETS CHARGÉS OU RECOMMANDÉS

Service intérieur : **25** centimes ; par télégraphe : **1 fr. 50.**

Service international : **50** centimes et, si la demande est postérieure au dépôt : **1 franc.**

11°. — ENVOIS CONTRE REMBOURSEMENT

En principe, tous les objets de correspondance recommandés ou chargés peuvent être grevés d'un remboursement à recouvrer sur le destinataire de l'envoi. (Maximum du remboursement pour la France : 2.000 francs.) Les envois contre remboursement sont assujettis aux tarifs et conditions applicables à la catégorie d'envois recommandés ou de valeur déclarée à laquelle ils appartiennent. La transmission à l'envoyeur du montant du remboursement et le retour de tout envoi non distribué sont respectivement soumis aux taxes et conditions prévues pour les recouvrements postaux.

Pour l'étranger et les colonies françaises, il est indispensable de consulter *l'Indicateur Universel des P. T. T.*

12°. — RESPONSABILITÉ DE L'ADMINISTRATION
EN MATIÈRE D'OBJETS RECOMMANDÉS OU CHARGÉS
(sauf le cas de force majeure)

Objets recommandés (*en cas de perte seulement*) : Indemnité de **25** francs pour les lettres, les cartes postales à 20 centimes et les valeurs à recouvrer, et de **10** francs pour les autres objets, dans le service intérieur ; de **50** francs pour tous objets, dans le service international.

Lettres et boîtes de valeur déclarée (*perte, spoliation, détérioration*), indemnité égale au montant de la déclaration.

13°. — CORRESPONDANCES A DISTRIBUER PAR EXPRÈS

Lorsqu'on veut faire distribuer à domicile un objet de correspondance aussitôt qu'il est parvenu au bureau de poste destinataire, il suffit d'inscrire d'une façon très apparente, sur l'objet ou le pli, la mention *Exprès*. Il faut acquitter en même temps, au moyen de timbres-poste apposés sur l'enveloppe, une taxe supplémentaire :

De 1 franc par objet distribuable sur le territoire d'une commune pourvue d'un établissement chargé d'un service de distribution.

Ou de 4 francs par objet distribuable dans toute autre commune.

Pour l'Algérie et l'Indo-Chine, taxe de 1 franc par objet.

Pour l'étranger, consulter l'*Indicateur Universel des P. T. T.*

14°. — POSTE RESTANTE

Les correspondances adressées poste restante sont passibles d'une surtaxe de **20 centimes** (Journaux : **5 centimes**).

Cette surtaxe est perçue sur le destinataire lorsqu'elle n'a pas été acquittée au départ. En sont exemptes les correspondances destinées aux abonnés à la poste restante (10 francs par an pour les voyageurs de commerce ; 20 francs pour les autres personnes).

15°. — TIMBRES. — CARNETS. — COUPONS-RÉPONSE

Indépendamment des timbres-poste de toutes catégories et des cartes postales, le public trouve aux guichets des bureaux de poste :

Des *cartes-lettres* de 0,25, vendues 0,275 l'une *et par 2 ou multiples de 2*;

Des *enveloppes timbrées* à 0,25 ou à 0,05, *vendues respectivement 0,28 ou 0,07 (suivant le format) et par paquets de 5 ;*

Des *bandes timbrées* à 0,01, 0,02 et 0,05, *vendues respectivement 0,015, 0,025 et 0,055 et par paquets de 10;*

Des *timbres-quittance* de l'enregistrement;

Des *carnets de timbres-poste* : 40 timbres à 0,05 ou 20 timbres à 0,10 pour le prix de 2 francs ; 20 timbres à 0,25 pour le prix de 5 francs ;

Des *coupons-réponse*, qui servent à envoyer aux personnes résidant dans certains pays étrangers l'affranchissement de leur réponse. Prix 1 fr. 30. Ceux reçus de l'étranger sont échangés en France contre 50 centimes en timbres-poste.

Quelques commodités à connaître et à utiliser

1° **La carte d'identité postale.** — Pour faciliter les opérations postales au guichet et particulièrement celles pour lesquelles vous êtes tenu de justifier de votre identité, *faites-vous délivrer une carte d'identité postale.* Il vous suffira, pour l'obtenir, de remplir une demande au bureau de poste, de justifier de votre identité si vous n'êtes pas notoirement connu et de fournir une photographie de 4 c/m×4 c/m. La carte d'identité coûte *un franc. Elle est valable pendant un an et dans tous les pays de l'Union postale.*

2° **La boîte aux lettres particulière.** — Vous pouvez être autorisé à posséder *une boîte aux lettres particulière* qui sera levée aux mêmes heures qu'une boîte aux lettres publique. Vous vous éviterez ainsi le transport à la poste de votre courrier, qui sera relevé par le facteur. Prix de la boîte : 127 francs ou 127 francs selon les dimensions. Frais de relevage : de 40 à 50 francs par an suivant l'importance des localités.

3° **La boîte de commerce.** — Pour bénéficier de l'avantage de retirer votre courrier au bureau de poste aussitôt que le tri est terminé et que les facteurs partent en distribution, souscrivez un abonnement *à une boîte de commerce.* Taxe annuelle de 20 à 120 francs suivant la localité et l'importance du courrier.

4° L'enveloppe de réexpédition. — Le courrier complet d'une personne ayant changé de domicile (à l'exception toutefois des journaux, des objets chargés et recommandés, des plis officiels et des objets taxés) peut être réexpédié *sans taxe* dans une *enveloppe spéciale* sur laquelle il suffit de porter le nom et la nouvelle adresse du destinataire. Ces enveloppes, vendues par l'Administration 1 franc le paquet de 5o, doivent être remises, avec leur contenu, soit au facteur, soit au guichet d'un bureau de poste. Elles permettent la réexpédition *collective*, donc plus sûre et plus régulière du courrier.

5° Le timbrage à l'extraordinaire. — Il consiste *à faire imprimer d'avance les timbres* par l'Administration sur les enveloppes, cartes postales et bandes. De cette manière, on n'oublie pas le timbre; celui-ci est bien placé et on économise le temps de l'apposer. (Nombre minimum des objets à timbrer : 5.ooo. Prix variable suivant dimensions et nombre de figurines.)

6° L'affranchissement au moyen de timbres oblitérés d'avance. Si vous faites fréquemment des envois importants de catalogues, de circulaires ou autres *imprimés* ou d'échantillons, demandez l'autorisation de les affranchir au moyen de timbres-poste à 3, 5, 15, 20, 3o, 35 et 45 centimes surchargés à l'avance par l'Administration d'une empreinte sans millésime. Ces objets, qui n'auront pas besoin d'être frappés du timbre à date, bénéficieront ainsi d'une *expédition plus rapide*. En outre, l'Administration vous concédera une *remise de o,75 p. °/°* sur le montant de ces affranchissements.

Comment libeller correctement l'adresse d'un objet confié à la poste

Vos correspondances parviendront plus rapidement et plus sûrement au destinataire, si vous respectez les recommandations essentielles suivantes :

** Pour Paris, indiquez toujours le numéro de l'arrondissement.

** Parisiens, ne donnez jamais votre adresse sans y mentionner le numéro de l'arrondissement.

** Pour la province, indiquez la localité où est situé le bureau de poste distributeur et le nom du département (en toutes lettres). N'omettez pas de mentionner le numéro de l'immeuble et la rue.

** Quand vous indiquez votre adresse à vos correspondants, notamment dans les en-têtes de vos enveloppes et papiers commerciaux, donnez-la intégralement.

* Avant d'expédier votre courrier, relisez les adresses. Plus de **500.000** correspondances tombent annuellement en rebut **faute** d'adresse.

EXEMPLES D'ADRESSES CORRECTES :

II. – Transports postaux aériens

Le transport par avion permet de donner aux correspondances une avance très sensible par rapport à l'acheminement postal ordinaire. Exemple :

Une lettre de Paris pour Casablanca } par la voie de mer .. le 10
expédiée le 1ᵉʳ parviendra à destination } par avion... .... le 3

Sont admises au transport par avion *toutes les correspondances ordinaires ou recommandées.*

Sur les correspondances à transmettre par la voie aérienne, collez toujours l'étiquette rouge : *Par avion.*

Ajouter à l'affranchissement ordinaire la *surtaxe* ci-après :

DÉSIGNATION des SERVICES	MONTANT DES SURTAXES :		
	Jusqu'à 20 grammes	De 20 grammes à 100 gr.	Au delà de 100 gr. par 100 gr. ou fract. de 100 gr. ajouter :
Toulouse à Casablanca par Rabat .	0 50	1 »	0 50
Casablanca à Oran par Fez :			
de Toulouse à Fez .	0 50	1 »	0 50
de Toulouse à Oran.	0 75	1 75	1 »
d'Oran à Fez, Rabat et Casablanca	0 25	0 50	0 25
Paris à Strasbourg .			
Paris à Prague, Varsovie, Vienne, Budapest, Belgrade, Sofia, Bucarest, Constantinople :			
Pour Prague...........			
— Varsovie......			
— Vienne........	Le trafic pour ces destinations, interrompu pendant la saison d'hiver, sera repris dès le 15 février 1924.		
— Budapest......	Le montant des surtaxes applicables à ces services figurera dans l'*Indicateur Universel des P. T. T.* du 5 mars. Se renseigner également aux guichets de la poste.		
— Belgrade			
— Sofia			
— Bucarest			
— Constantinople			
Paris à Londres......	25 cent. par 20 gr. ou fraction de 20 gr.		
Paris à Bruxelles....	30 cent. par 20 gr. ou fraction de 20 gr.		
Paris à Rotterdam et Amsterdam	50 cent. par 20 gr. ou fraction de 20 gr.		

Conditions d'admission. — Strasbourg : poids maximum, 200 gr. ; autres conditions : celles du régime intérieur ; *Maroc* : conditions du régime franco-colonial ; *autres destinations* : conditions du régime international.

Demandez la notice des Publications de l'Indicateur Universel des P. T. T., 3, rue de Champagny, PARIS (7ᵉ)

Les VRAIES TOILES de nos GRAND'MÈRES

TOILES

PUR LIN

ET MÉTIS

LINGE

DE TABLE

ET DE MAISON

DRAPS

CONFECTIONNÉS

VENTE

DIRECTE

AU DÉTAIL

TARIFS

ET

ÉCHANTILLONS

GRATUITS

SUR DEMANDE

UNION LINIÈRE DE BRETAGNE
9, Rue Boissy-d'Anglas, PARIS

R. C. Seine. 74319

PAPETERIE-IMPRIMERIE FONDÉE EN 1802

FORTIN & Cie

Registre du Commerce : SEINE 33 260

En magasin, tous Registres, Impressions et Fournitures de Bureaux

pour Commerces, Industries, Administrations
Officiers Ministériels, Ingénieurs
COMPTABILITÉS PARTICULIÈRES

TÉL. : LOUVRE 52-52 A 52-55

Envoi sur demande du Tarif N° 15

III. - Service des articles d'argent

1° POUR ENVOYER UNE SOMME D'ARGENT

A. — *Mandat-poste ordinaire*. — Ce mandat est transmis par l'expéditeur au destinataire dans les conditions et au moment qu'il juge convenable. — DROIT DE COMMISSION A VERSER :

	Fr. c.			Fr. c.
0 01 à 5 Fr............	0 20	400 01 à 600 Fr.........	1 60
5 01 à 10 »............	0 30	600 01 à 800 ».........	1 80
10 01 à 20 »............	0 40	800 01 à 1.000 ».........	2 00
20 01 à 40 »............	0 60	Au-dessus de 1.000 fr. et jus-	
40 01 à 60 »............	0 80	qu'à 5 000 fr., 2 fr. pour les pre-	
60 01 à 100 »............	1 00	miers 1.000 fr., plus 0 fr. 20 par	
100 01 à 200 »............	1 20	200 francs ou fraction de 200 fr.	
200 01 à 400 »............	1 40	excédant.	

Au-dessus de 5.000 francs, 6 francs pour les premiers 5.000 fr., plus 1 franc par 1.000 francs ou fraction de 1.000 francs excédant.

Colonies françaises : Minimum du droit : 0 fr. 30. Maximum du mandat : 500 francs par jour pour le même bénéficiaire.

B. — *Bon de poste* (*sans fraction de franc*). — Droit de 10 centimes de 1 à 5 francs ; de 20 centimes de 6 à 20 francs (maximum).

QUELQUES FACILITÉS A UTILISER

Pour les envois de sommes qui ne dépassent pas 5.000 francs, utilisez le ***mandat payable à domicile*** (mandat-carte ou mandat-lettre). Droit supplémentaire : 25 centimes ; mais vous pouvez correspondre avec le destinataire au moyen du coupon du mandat.

Payez vos contributions avec le ***mandat-contribution***. Vous bénéficierez d'un tarif réduit, vous n'attendrez pas chez le percepteur, et le reçu de la poste vous libérera à l'égard du Trésor.

Pour vous abonner à un journal, demandez un ***mandat d'abonnement***. Les frais en sont supportés par l'éditeur.

Pour les envois de fonds *urgents*, vous pouvez utiliser le ***mandat télégraphique***. Consulter l'*Indicateur Universel des P. T. T.*

2° POUR RECOUVRER UNE SOMME D'ARGENT

La Poste se charge de recouvrer des sommes dues (valeurs commerciales ou autres).

Insérer la ou les valeurs à recouvrer, décrites sur un bordereau, dans une enveloppe portant le nom et l'adresse du déposant, les noms du bureau encaisseur et du département. Bordereau et enveloppe sont délivrés sur demande au guichet postal. Le *nombre des valeurs pouvant être insérées dans une même enveloppe* à destination d'un même bureau encaisseur est de 15, si les valeurs ne dépassent pas 10 francs ; de 5 si une ou plusieurs valeurs dépassent 10 francs, sans que leur total puisse excéder 5.000 francs ; de 1, si la valeur est supérieure à 5.000 francs.

Affranchissement des enveloppes de valeurs à recouvrer : Taxe des lettres ordinaires, plus 0 fr. 25 pour la recommandation.

IV. - Le Chèque postal

Pour avoir un compte courant postal, il suffit : 1° D'en faire la demande dans un bureau de poste ; 2° Quand la demande a été agréée, d'effectuer un dépôt de garantie de 5 francs.

Au moyen du compte courant postal on peut opérer :

1° Des *versements* : taxe uniforme de 25 centimes ;

2° Des *retraits* soit à son profit (taxe de 25 centimes), soit au profit de tiers résidant en France ou en Algérie (tarif sensiblement inférieur à celui des mandats ordinaires) ou dans les colonies françaises ou les pays étrangers (tarif des mandats à destination de ces pays).

3° Des *virements* : taxe uniforme de 10 centimes.

Les avantages du chèque postal

Tarifs particulièrement réduits, suppression des risques inhérents à la manipulation ou au transport de la monnaie.

Le titulaire d'un compte courant postal peut :

1° Faire encaisser au domicile de son débiteur, par les soins du service postal, des sommes destinées à être inscrites au crédit de son compte (*carte-remboursement*) ;

2° Faire verser au crédit de son compte :

a) Des sommes provenant de l'encaissement du montant des valeurs recouvrées ou d'envois contre remboursement (le mandat de recouvrement est alors soumis au DROIT FIXE DE 25 CENTIMES au lieu et place du droit proportionnel des mandats-poste) ;

b) Les mandats et bons de poste établis à son nom ; les chèques ou valeurs quelconques payables en banque et tirés à l'ordre du Chef du bureau central de chèques détenteur du compte ;

c) Des sommes provenant de son compte courant à la Caisse nationale d'épargne ;

3° Payer ses redevances postales, télégraphiques et téléphoniques, les taxes de ses communications téléphoniques et de ses télégrammes en compte, le montant de ses abonnements téléphoniques, celui de l'abonnement aux adresses télégraphiques enregistrées.

Il peut acquitter les frais de protêt des valeurs à recouvrer par la poste, faire des versements à la Caisse nationale d'épargne soit à son profit, soit au profit de tiers, souscrire aux Bons de la Défense Nationale, se faire ouvrir un *compte particulier local* permettant d'effectuer tout paiement sans espèces au guichet et d'opérer des retraits de fonds à vue.

Par la *lettre de crédit* enfin, il peut disposer, au cours de ses déplacements, de tout ou partie de son actif disponible.

Le service des chèques postaux a effectué en 1922 plus de 95 milliards de francs d'opérations. Le nombre des titulaires de comptes courants dépasse aujourd'hui 160.000. Votre intérêt est d'avoir un COMPTE COURANT POSTAL.

Le journal La Cote Auxiliaire a le plus fort tirage de la Presse Financière.

La Cote Auxiliaire est d'une lecture agréable. On peut la recevoir gratuitement, tous les Samedis, pendant deux mois, sur simple demande : Il suffit d'écrire à l'adresse ci-contre :

L'abonnement d'un an : 10 francs.

JOURNAL

LA COTE AUXILIAIRE

Registre du Commerce : Seine 72.934

Société Anonyme au Capital de 10 millions de Francs entièrement versés.

BANQUE

47, Rue Vivienne, PARIS (2e)

47, Rue Vivienne, PARIS (2e)

Lignes téléphoniques.
Central 46.54
— 04.38
— 88.14
Louvre 33.84
Inter 10.53

La Cote Auxiliaire est la Banque la plus moderne et la mieux agencée. Installée en son important immeuble, à 50 mètres de la Bourse, la Cote Auxiliaire est en mesure d'exécuter les ordres de sa Clientèle avec une précision et une célérité sans concurrence.

Change, Coupons, Bourse
Emissions, Avances, Garde de Titres
Location de Coffres-Forts, etc.

V. - Services divers assurés par la Poste

1°. CAISSE NATIONALE D'ÉPARGNE

Minimum des versements : 1 franc. **Maximum des dépôts :** 5.000 francs.

Intérêt servi : 3 fr. 50 l'an, partant du 1ᵉʳ ou du 16 de chaque mois après le versement, cessant de courir le 1ᵉʳ ou le 16 qui a précédé le remboursement. Au 31 décembre de chaque année, l'intérêt est *capitalisé*.

Un livret national est délivré *gratuitement* à chaque déposant. Les opérations d'épargne sont effectuées *dans tous les bureaux de poste*.

* *

Vous avez la faculté d'obtenir des remboursements
SÉANCE TENANTE
sur votre livret d'épargne dans un bureau de poste de votre choix.

Demandez à ce sujet, dans tout bureau de poste, la notice relative au service des **remboursements à vue.**

* *

Tout titulaire de livret peut obtenir à ses frais des *remboursements par télégraphe* et des *remboursements par mandats-poste*.

Il peut en outre *gratuitement* : Faire acheter par la Caisse Nationale d'Epargne, au moyen de son avoir, des rentes sur l'Etat français et des obligations des chemins de fer de l'Etat et les faire conserver en dépôt par ladite Caisse.

Faire verser à la Caisse Nationale des retraites pour la vieillesse les intérêts liquidés à son profit.

Transférer son avoir d'une Caisse à une autre.

2° RETRAITES POUR LA VIEILLESSE, ASSURANCES EN CAS DE DÉCÈS ET EN CAS D'ACCIDENTS

On peut opérer dans les bureaux de poste les versements concernant la Caisse Nationale des retraites pour la vieillesse et les Caisses d'assurances en cas de décès et d'accidents.

3° PAIEMENT DES PENSIONS DE L'ÉTAT ET AVANCES SUR PENSIONS

Les pensionnaires de l'Etat porteurs de *livrets à coupons* peuvent obtenir le paiement de leurs arrérages dans tous les bureaux de poste. Ces derniers interviennent également, dans certains cas, pour le paiement sur titres de *l'ancien modèle*.

Le titulaire d'une pension de l'Etat peut recevoir *dans tout bureau de poste*, sur les arrérages courus du trimestre en cours, une ou deux *avances* égales chacune à un mois entier d'arrérages — sans fraction de franc — (droit de commission : 1 o/o).

4° PAIEMENT DES COUPONS DE RENTES FRANÇAISES, DES OBLIGATIONS DE LA DÉFENSE NATIONALE ET DES BONS DU TRÉSOR

Le paiement de ces coupons est effectué dans les bureaux de poste, *sans frais* pour le porteur.

VI. - Télégraphe

1° TAXE DES TÉLÉGRAMMES ORDINAIRES

A. — *France continentale, Corse, Algérie, Tunisie* :
Jusqu'à 8 mots : 1 fr. 20, au-dessus de 8 mots : 0 fr. 15 par mot.

B. — *Colonies françaises et étranger* :
Taxe par mot variable suivant le pays de destination et la voie
utilisée par l'expéditeur. Cette taxe doit, en outre, être multipliée
par le *coefficient d'équivalence du franc-or*, qui est fixé par l'Administration d'après la situation du change.

2° TÉLÉGRAMMES SPÉCIAUX

Indépendamment des télégrammes ordinaires, tout expéditeur
peut envoyer des télégrammes soumis à des conditions spéciales
de dépôt, de transmission ou de remise. Ces télégrammes spéciaux
sont caractérisés par une indication qui doit figurer en tête de
l'adresse et qui est comprise dans le nombre des mots taxés
(Exemples : Réponse payée ou R. P. ; Faire suivre ou F. S.). Ils
ne sont pas admis indifféremment dans le service intérieur et dans
le service international, ni pour tous les pays. Consulter à ce
sujet *l'Indicateur Universel des P. T. T.* On fait mention ci-après
des principaux télégrammes spéciaux ainsi que des taxes *supplémentaires* qui leur sont applicables s'il y a lieu.

Télégrammes avec réponse payée. — Dans le service *intérieur*, si
l'expéditeur n'indique pas le nombre de mots, la réponse est taxée comme
devant avoir 8 mots. Au-dessus de 8 mots : 15 centimes par mot (pas
de maximum) ; dans le service international : minimum 2 mots avec
application du minimum de perception, s'il y a lieu

Télégrammes avec accusé de réception. — *Postal* : régime intérieur,
25 centimes ; régime international, 50 centimes ; *télégraphique* : régime
intérieur, 1 fr. 50 ; régime international, taxe supplémentaire égale à
celle d'un télégramme ordinaire de 5 mots par la même voie et pour la
même destination (minimum de perception s'il y a lieu).

Télégrammes avec collationnement. — Les télégrammes sont répétés
intégralement de bureau à bureau, ce qui constitue pour l'expéditeur une
assurance contre les risques d'altération du texte. Taxe supplémentaire
égale au quart de la taxe d'un télégramme ordinaire du même nombre
de mots, pour la même destination et transmis par la même voie que
télégramme à expédier.

Télégrammes multiples. — Ils sont adressés soit à plusieurs destina-
taires dans une même localité, soit à un même destinataire mais à
plusieurs domiciles dans une même localité, soit à un ou plusieurs desti-
nataires dans plusieurs localités différentes desservies par un même
bureau. Droit supplémentaire de 1 franc (régime intérieur), et de 0,50
(régime international) par copie et par série indivisible de 100 mots.

Télégrammes à faire suivre. — L'expéditeur qui inscrit en tête de
l'adresse de son télégramme la mention « F. S. » ou « faire suivre » s'en-
gage à payer les frais de réexpédition de ce télégramme. Dans le service
intérieur il peut, en versant des arrhes au départ, couvrir les frais de
réexpédition.

Télégrammes à remettre par exprès, c'est-à-dire par porteur spécial,
lorsque le destinataire réside en dehors des limites de l'octroi ou de
l'agglomération. — Dans le régime intérieur, surtaxe de 75 centimes pour
le 1er kilomètre, et de 45 centimes pour chacun des kilomètres suivants.

Télégrammes à remettre contre reçu (dans le régime intérieur seulement, surtaxe de 20 centimes) : **en mains propres** (surtaxe de 20 centimes dans le régime intérieur), **ouverts** (remis au destinataire sous pli non cacheté), **poste restante ou télégraphe restant** (surtaxe de 20 centimes, service intérieur), **à distribuer seulement pendant le jour ou même pendant la nuit** (quand les télég. sont adressés à des bureaux assurant un service de distribution de 7 heures à 22 ou 24 heures.

Télégrammes urgents. — Bénéficient de la priorité de transmission et de remise. Admis pour certains pays étrangers seulement (consulter *l'Indicateur Universel*). La taxe est trois fois la taxe principale.

Télégrammes différés. (Régime international seulement). — Bénéficient d'une réduction de tarif de 50 o/o. Consulter *l'Indicateur Universel*.

3° TAXES DIVERSES DU SERVICE TÉLÉGRAPHIQUE

Récépissé de dépôt d'un télégramme. — Peut être demandé soit au moment du dépôt, soit dans les 6 mois qui suivent. *Dans tous les régimes* : taxe *de 20 centimes.*

Retrait ou annulation d'un télégramme. — La taxe est remboursée sous déduction de 50 centimes (régime intérieur) ou de 25 centimes (régime international).

Copie ou communication de l'original d'un télégramme. — Pour la copie : droit de 1 franc (régime intérieur) ou de 50 cent. (régime international) par série de 100 mots.

Pour la communication : droit fixe de 1 fr. dans les deux régimes.

4° QUELQUES FACILITÉS A CONNAITRE ET A UTILISER

Affranchissement des télégrammes en timbres-poste — Pour éviter les attentes au guichet, les expéditeurs ont la faculté d'affranchir leurs télégrammes en timbres-poste (mais dans le *régime intérieur* seulement) et de les déposer dans les boîtes aux lettres.

Adresses télégraphiques abrégées ou convenues. — Vous pouvez être autorisé, moyennant payement d'un abonnement spécial (120 fr. par an), à recevoir vos télégrammes *sous un nom conventionnel ou une adresse abrégée*, enregistré au bureau télégraphique qui vous dessert. Vos correspondants, qui auront une taxe moins élevée à payer en raison de l'abréviation de votre adresse, vous sauront gré de consentir un léger sacrifice pour ménager leurs intérêts.

Télégrammes en compte. — Les télégrammes en compte sont ceux dont *la taxe n'est pas perçue au moment du dépôt.*

L'organisation de ce service présente pour l'expéditeur le double avantage de *réduire au minimum le dérangement* nécessité par l'envoi de ses télégrammes et *d'accélérer la mise en transmission.*

Les télégrammes sont simplement remis au guichet ; le déposant n'a pas à attendre que soient effectuées les opérations de taxation, d'inscription et de caisse : les comptes sont ouverts, tenus et liquidés *sans aucun frais*, moyennant le dépôt d'une provision de garantie dont la quotité correspond à la dépense moyenne d'un mois. Les abonnés au téléphone, déjà dépositaires d'une provision téléphonique, et les titulaires d'un compte courant de chèques postaux sont dispensés de déposer une nouvelle provision.

Télégrammes téléphonés. — Les abonnés au téléphone ont la faculté d'utiliser leur communication téléphonique pour l'envoi et la réception de leurs télégrammes. *Ils évitent* ainsi : au départ, *le dérangement* que comporte le dépôt au guichet et *le délai* d'acheminement des télégrammes sur les services de transmission; à l'arrivée, les délais que comportent les opérations de mise en distribution et de port à domicile.

Chacun de ces télégrammes donne lieu à la perception d'une taxe spéciale de **20 centimes au départ, 10 centimes à l'arrivée.** Les taxes et surtaxes applicables aux télégrammes téléphonés sont portées au compte de l'abonné.

VII. - Télégraphie sans fil

La télégraphie sans fil est utilisée soit pour l'échange des télégrammes avec les navires (*radiotélégrammes*), soit pour la transmission des télégrammes dans les relations avec certaines colonies françaises et certains pays étrangers (*communications par T. S. F.*). *Consultez à ce sujet l'Indicateur Universel des P. T. T.*

1° RADIOTÉLÉGRAMMES

On appelle ainsi les télégrammes échangés *avec les navires en mer* au moyen des stations côtières. Il ne faut pas les confondre avec les télégrammes ordinaires échangés par T. S. F. (voir ci-après).

La taxe des radiotélégrammes comprend :

1° Taxe principale afférente au parcours entre le bureau d'origine et la station côtière (départ) ou entre celle-ci et le bureau de destination (arrivée).

2° Taxes accessoires s'il y a lieu.

3° Taxes maritimes : *a)* côtière ; *b)* de bord. (Voir la nomenclature officielle des stations radiotélégraphiques). *Le coefficient d'équivalence du franc-or s'applique à ces taxes.*

4° Taxes de transit des stations côtières ou de bord intermédiaires.

Radiotélégrammes à grande distance — Ils sont transmis par la station de T. S. F. de Basse-Lande, près Nantes, aux stations de bord situées dans un rayon de 1 800 milles nautiques autour de Nantes, mais auxquelles leur éloignement ne permettrait pas de recevoir des radiotélégrammes ordinaires. Ils sont passibles au départ de la taxe télégraphique ordinaire et d'une taxe de transmission radiotélégraphique de 1,50 par mot, avec application de l'équivalent du franc-or.

2° COMMUNICATIONS PAR T. S. F.

Des télégrammes peuvent être échangés au moyen de la télégraphie sans fil :

Par la **voie T. S. F.** (ou **T. S. F.**-câbles), exploitée par l'Administration des Postes, dans les relations notamment avec quelques pays d'Europe et la plupart des colonies françaises.

Par la **voie Radio-France**, exploitée par la Compagnie Radio-France, 166, rue Montmartre, Paris (2ᵉ), dans les relations notamment avec l'Amérique, la Grande-Bretagne, la Syrie, la Palestine, 'Espagne, la Tchéco-Slovaquie, la Roumanie. (Voir page 1 du présent Memento.)

Porter, suivant le cas, sur les télégrammes la mention *non taxée*, " via T. S. F. " ou " via T. S. F.-câbles " ou " via Radio-France ".

Dans les relations coloniales et extra-européennes, les taxes par T. S. F. sont *sensiblement inférieures* aux taxes par fil.

RADIO-LETTRES. — Dans les relations avec certaines colonies françaises, utilisez les **Radio-lettres**, *rapides et économiques*.

Ce sont des correspondances acheminées par moyens postaux entre le bureau télégraphique et une station radio-télégraphique émettrice (bureau central de Paris), puis transmises radio-électriquement par cette station à une station réceptrice (Rufisque ou Bamako, Conakry, Brazzaville, Tananarive, Djibouti, Saïgon, Lareinty, Cayenne, Destrellan, Saint-Pierre, Saint-Denis) et enfin envoyées postalement au destinataire par cette dernière.

Ex. : Pour Tananarive une radio-lettre de 20 mots coûte : 42 fr. 40 un câblogramme 99 fr.). Durée du trajet : 48 h. (par poste : 28 j.).

les
meilleurs
TÉLÉPHONES
Installation — Entretien

T. S. F.

POSTES de RÉCEPTION & ACCESSOIRES

DÉPARTEMENT
T.T.
254 256
RUE DE VAUGIRARD
PARIS, 15e

COMPAGNIE FRANÇAISE
POUR L'EXPLOITATION DES PROCÉDÉS
THOMSON-HOUSTON
SOCIÉTÉ ANONYME CAPITAL 250.000.000
TRIBUNAL DE COMMERCE DE LA SEINE
REGISTRE DE COMMERCE N° 60 343

TÉLÉPHONE
SÉGUR
86 60 A 88-55

ADR TÉLÉGR
ELIHUMICRO - PARIS

VIII. — Téléphone

1° ABONNEMENT FORFAITAIRE

	MONTANT DE L'ABONNEMENT ANNUEL				
	PARIS	LYON	Villes de plus de 80.000 habitants (dont les réseaux ne sont pas constitués en groupe)	Villes de plus de 25.000 habitants	Villes de 25.000 habitants et au-dessous (dont les réseaux sont constitués en groupe)
POSTE PRINCIPAL	Fr.	Fr.	Fr.	Fr.	Fr.
Poste particulier.........	700 »	525 »	350 »	350 »	262 50
Poste d'immeuble pour le service des locataires ...	1.000 »	750 »	500 »	500 »	375 »
Poste installé dans un local à la disposition de la clientèle ou du public	1.200 »	900 »	600 »	600 »	450 »
POSTE SUPPLÉMENTAIRE					
Poste ordinaire..	100 »	80 »	80 »	100 »	100 »
Poste à appel direct utilisé par le titulaire de l'abonnement principal.......	150 »	120 »	120 »	150 »	150 »
Poste à appel direct utilisé par des personnes autres que le titulaire de l'abonnement principal........	200 »	160 »	160 »	200 »	200 »

(Tarif dégressif au delà de 10 postes supplémentaires rattachés à un même poste principal.)

2e ABONNEMENT A CONVERSATIONS TAXÉES

(Admis seulement dans les villes dont la population n'excède pas 80.000 habitants. Recensement de 1896).

Abonnement principal :

1re année : 300 fr. — 2e année : 200 fr. — 3e année : 125 fr.

Abonnement supplémentaire :

60 fr. par an. (Tarif dégressif au delà de 10 postes supplémentaires.)

Les abonnés doivent, sous ce régime, acquitter en plus les taxes ordinaires des conversations pour les communications demandées par eux.

Remarque. — En outre du montant de l'abonnement, les abonnés doivent, dans tous les cas, acquitter des redevances pour fourniture et entretien des lignes et des appareils.

> *Payez vos redevances téléphoniques au moyen de votre compte courant postal ou faites-les recouvrer à domicile.*

ABONNEMENTS SPÉCIAUX

Moyennant un abonnement annuel de 100 francs et une taxe de 1 franc par communication, vous pouvez demander que les communications qui vous sont adressées *en votre absence* soient reçues par le bureau central pour vous être transmises ultérieurement.

Vous avez la faculté de recevoir *des communications interurbaines à heures fixes* par abonnement, pendant la nuit. La taxe de ces communications est ramenée aux 2/5 de la taxe normale de jour sans pouvoir descendre au-dessous de 50 centimes.

Votre intérêt est de prendre des *lignes spécialisées* pour les communications de départ et pour les communications d'arrivée. Les lignes spécialisées n'existent que dans les réseaux de Paris, Lyon, Marseille, Bordeaux, Lille, Roubaix, Tourcoing, Nice, Le Havre, Rouen, Nantes et Nancy.

Ayez un nombre d'abonnements principaux correspondant à votre trafic. Vous serez moins souvent « pas libres ». Vous éviterez des appels inutiles à vos correspondants et l'encombrement des circuits qui en résultent.

QUELQUES RECOMMANDATIONS

Demandez toujours les abonnés par leur numéro d'appel.

Si le numéro ne figure pas à l'annuaire, demandez-le au service des renseignements.

Répondez sans retard aux appels du bureau central.

Celui qui désire vous parler vous attend et son temps est aussi précieux que le vôtre.

Parlez clairement, distinctement, sans élever la voix.

Vos lèvres doivent être aussi près que possible du transmetteur.

Ayez toujours sous la main un bloc-notes et un crayon.

Vous n'aurez pas besoin, le cas échéant, de quitter l'appareil.

Soyez aussi concis que possible.

Ne gardez pas la ligne plus longtemps qu'il n'est nécessaire.

Vous rendrez probablement service à d'autres abonnés.

Lorsque vous vous éloignez momentanément du téléphone avant qu'une conversation en cours soit terminée, ne raccrochez pas les écouteurs.

La communication serait coupée.

Mais raccrochez toujours les récepteurs quand la conversation est terminée.

Faute de quoi le bureau central serait dans l'impossibilité de vous appeler.

CORRESPONDANCES PNEUMATIQUES

Paris et 70 localités de la Seine, Enghien-les-Bains, Le Raincy,
Sèvres et Saint-Cloud.

TARIF	Cartes et enveloppes.	Cartes avec réponse payée.
Jusqu'à 7 grammes...............	» 60	1 20
De 7 à 15 grammes.........	1 »	1 60
De 15 à 30 grammes (Poids maximum).	1 50	2 10

N'enfermer dans ces correspondances aucun corps dur.

DERNIÈRE HEURE

Prochainement :

Réglementation nouvelle des postes radioélectriques privés.

L'INDICATEUR UNIVERSEL DES P. T. T., 3, rue de Champagny, Paris (7ᵉ) (Téléphone : Fleurus 28.22), donnera à ce sujet tous
renseignements utiles à ses abonnés.

L'URBAINE

Compagnie d'Assurances contre l'INCENDIE
Fondée en 1838
(R. C., Seine n° 32.284)
Capital Social : 5 Millions
Sinistres payés : 520 Millions
iège social : **8 et 10, rue Le Peletier - PARIS (9ᵉ)**

L'URBAINE

Compagnie d'Assurances sur la VIE HUMAINE
Entreprise privée assujettie au Contrôle de l'Etat
(R C., Seine n° 9 864)
Capital Social : 12 Millions
surances en cas de décès et en cas de vie — Constitution de rentes viagères
Garanties : 166 Millions
iège social : **8 et 10, rue Le Peletier - PARIS (9ᵉ)**

L'URBAINE - CAPITALISATION

Ayant pour but de favoriser le développement
de l'Epargne et de la Prévoyance
Entreprise privée assujettie au Contrôle de l'Etat
(R C., Seine n° 52.384)
Capital Social : 2 Millions
Constitution de capitaux par cotisations mensuelles
Tarifs les plus avantageux
Tirages Mensuels garantis et particulièrement intéressants
iège social : **6 et 8, rue Le Peletier - PARIS (9ᵉ)**

L'URBAINE ET LA SEINE

Fondée en 1860
(R. C., Seine n° 8 764)
Capital Social : 10 Millions
Assurances contre les accidents de toute nature
la grêle et la mortalité du bétail
iège social : **39, rue Le Peletier - PARIS (9ᵉ)**

RÉPUBLIQUE FRANÇAISE

Sous-Secrétariat d'État des Postes et des Télégraphes

MEMENTO
DES
P. T. T.

CE QUE LE PUBLIC

DOIT CONNAITRE

DANS SON INTÉRÊT

Publié par

"L'INDICATEUR UNIVERSEL DES P. T. T."

3, Rue de Champagny, PARIS (7e)

Téléphone : Fleurus 28.22. — Code AZ Français.

APÉRITIF
ROSSI
N'est pas un vermouth
ni un quinquina

MARTINI
Véritable vieille marque
de TURIN
R. C. Seine 110.014